LE TIERS-PARTI

RÉPUBLICAIN

Lettres à M. Casimir Périer.

PAR

MAURICE JOLY

PARIS

E. DENTU, LIBRAIRE-ÉDITEUR

Palais-Royal. — Galerie d'Orléans, 17 et 19

et chez tous les Libraires.

1872

LE TIERS-PARTI RÉPUBLICAIN

(Lettres à M. Casimir Périer.)

LE TIERS-PARTI

RÉPUBLICAIN

Lettres à M. Casimir Périer.

PAR

MAURICE JOLY

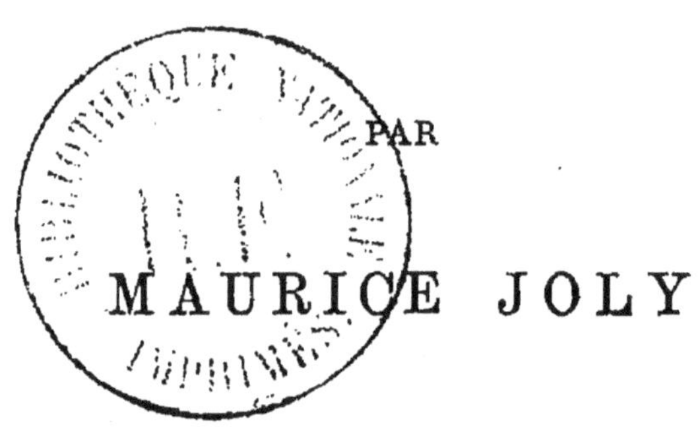

PARIS

E. DENTU, EDITEUR-EDITEUR

Palais-Royal. — Galerie d'Orléans, 17 et 19

et chez tous les Libraires.

—

1872

LE

TIERS-PARTI RÉPUBLICAIN

Lettres à M. Casimir Périer.

Première Lettre.

Monsieur,

On dit que, frappé des dangers terribles que fait courir au pays le manque total de cohésion du parti conservateur, le centre droit vient de faire une évolution décisive vers le centre gauche, en vue de constituer le pays sous la forme définitive du gouvernement républicain.

Que ce projet, dont l'initiative est attribuée à votre haute influence, soit encore arrêté dans sa réalisation par de grandes difficultés, c'est probable ; ce qui est certain, c'est que l'heure de l'action a sonné pour vous comme pour ceux qi useraient disposés à vous suivre, en présence des changements survenus depuis un mois dans la situation stratégique des partis.

Qu'est devenue l'illusion des optimistes, qui croyaient à une entente patriotique, à un accord durable de la gauche avec le Président de la République pour aider la France à se relever de ses désastres ?

Quelques paroles enflammées, moins que rien, un discours a suffi pour faire évanouir le pacte d'alliance provisoire du parti radical avec les politiques expectants de toutes nuances qui s'étaient réfugiés dans l'arche de la République conservatrice, comme Noé après le déluge. Que le discours de Grenoble soit ou non replâtré, qu'il n'ait été au fond qu'une comédie secrètement concertée, comme quelques malveillants l'insinuent, évidemment à tort, il n'en a pas moins démontré aux yeux les plus aveugles la fragilité du régime actuel.

Et quelle panique bouffonne au premier moment! Le gouvernement semblait avoir perdu son centre de gravité et ne plus retrouver la place où il était assis la veille, toutes les situations relatives étaient changées comme après un tremblement de terre. Le centre gauche était comme un navire sans boussole, le centre droit était refoulé sur la droite, et la droite même ne savait si elle devait s'affliger ou se réjouir. On se serait cru à la veille d'un dix août, d'un trente et un mai ou d'un dix-huit mars.

Tirons de là une première conséquence. Quand les paroles d'un homme peuvent produire une telle commotion; quand amis et ennemis tout le monde s'acharne à parler sans cesse de cet homme; quand il peut prendre impunément une attitude aussi menaçante en face du pays, le parcourir triomphalement au milieu d'ovations, de réceptions quasi officielles avec un cortége sans cesse renouvelé de maires, de députés, de conseillers généraux et même d'officiers se relayant d'étape en étape; cet homme est le maître ou il le sera demain.

En répudiant toute solidarité avec lui et en lui infligeant le désaveu le plus catégorique devant la Commission de permanence, M. Thiers a, sans aucun doute, rétabli l'équilibre et donné à l'opinion publique la satisfaction qu'elle attendait. Mais la crise est déclarée, qu'en va-t-il sortir ? C'est ce que je vous demande, Monsieur, la permission d'examiner rapidement en dégageant des points de la plus haute importance restés obscurs et d'indiquer ce que tout le monde cherche au milieu des angoisses communes, une solution.

*_**

Lisez tous les journaux de la droite, ils n'ont qu'un cri :

« C'est aux républicains conservateurs qu'il appartient de relever le gant qui leur est jeté, disent-ils; c'est à eux à dire nettement aux républicains radicaux en quoi leur république diffère de la république radicale. C'est à eux à faire comprendre au pays comment, sous quelle forme, par quel procédé la République conservatrice compte faire son entrée dans nos lois. »

Et le *Bien public* et les autres journaux dévoués de répondre : « Mon Dieu, c'est vrai, vous avez raison, il faut s'affirmer ; mais aidez-nous, cherchons ensemble.

Et se retournant d'un air éploré vers leurs adversaires de la République radicale.

Eh bien, et vous-mêmes ? leur disent ces mêmes journaux, quel est votre programme ? où nous menez-vous ? au nom de l'intérêt général, du salut de la Société, nous vous sommons de nous le dire.

Et les républicains radicaux se perdant involontairement ou a dessein dans les nuages flottants de la démocratie sentimentale, ne répondent pas plus que les Républicains conservateurs.

Le moment n'est-il pas venu, monsieur, je vous le demande, de sortir de cette incertitude incroyable qui fait que le pays, ne connaissant pas même les éléments du procès qui se plaide devant lui, est hors d'état de se prononcer pour l'une ou l'autre des deux parties. Et l'on s'étonne après cela de l'abstention des masses conservatrices ! Si l'on se borne à les effrayer sans les mettre au courant de rien, pour qui diable veut-on qu'elles votent ?

Plus d'équivoques, plus de subterfuges, il faut que les situations se définissent, que les programmes se déclarent.

Nous dirons d'abord à M. Gambetta : « Vous avez tenu le langage d'un factieux, votre manifeste est une usurpation anticipée de la souveraine puissance ; au mépris de tous les dangers que vous pouvez faire courir à la France, au risque de faire refluer l'étranger du Nord au Midi, votre ambition sans frein, sans pudeur, spéculant sur les malheurs de la patrie, réclame le pouvoir comme une proie ; vous aspirez à la tyrannie ; tout républicain sincère et même radical a le droit de vous dire : où allez-vous ? Et si loin de sauver la République vous la perdez de vous dénoncer comme son ennemi. C'est ce qu'il faut savoir *hic nunc*.

Le rugissement parfaitement prémédité de Grenoble prétend avoir surpris les partis monarchiques en flagrant délit de concentration, au moment où ils enveloppaient la royauté dans les langes de la république. C'est possible, nous verrons plus tard.

Ce qui est certain, c'est que le discours de Grenoble pose les questions les plus formidables sans les résoudre, il excite toutes les passions, tous les ressentiments populaires et fait des avances à toutes les fractions du parti républicain, aux socialistes, aux communeux, aux Girondins, aux Jacobins ; il promet aux uns la modération, aux autres la violence, à ceux-ci le rigorisme le plus pur, à ceux-là des compromis. Dans ce mani feste, véritable coup de filet jeté sur le troupeau électoral, il n'y a pas une parole, pas une affirmation, pas une idée qui ne se contredise. Sous l'austérité des mots et la pompe des phrases, il y règne une corruption pestilentielle et nous serions tentés de dire du chef actuel des Jacobins ce que Saint-Just, le pur des purs disait d'un homme auprès duquel M. Gambetta, malgré ses menus talents, n'est encore qu'un apprenti : « Conciliateur banal, cachant la faiblesse sous les apparences de la force et finissant par faire transiger la vérité avec le mensonge. »

M. Gambetta verse des flots de sarcasmes sur ceux qui préparent une république constitutionnelle. Chose étrange! c'est lui-même qui prononçait le mot il n'y a pas trois mois dans un de ces discours diluviens dont il a le secret, mais dont il paraît ne plus se souvenir quinze jours après, tant il change vite et souvent.

Puisque M. Gambetta est actuellement converti à une autre forme de République que la République constitutionnelle, il faut que nous sachions quelle est celle qu'il nous propose, et c'est ici que nous entrons dans le cœur même de la question.

Je ne sais, Monsieur, si vous vous êtes jamais fait des illusions bien grandes sur la valeur de ce *Palladium* qu'on a appelé la République conservatrice. On s'est beaucoup évertué ces temps derniers pour déterminer le sens et la portée de ce mot qu'un journaliste a qualifié de l'épithète peu révérencieuse de *bêtise*.

C'est bientôt dit, et nous nous étonnons que le mot n'ait pas été plus vivement relevé.

Par cette dénomination ou sous cette étiquette, comme on voudra l'appeler, M. Thiers, avec son merveilleux sens pratique, a voulu bien évidemment préciser le caractère particulier de son gouvernement qui, au rebours de celui que M. Gambetta projette, n'exclut personne, fait appel à tous les hommes de bonne volonté à quelque opinion qu'ils appartiennent et quels que soient leurs antécédents politiques.

Pour faire accepter la République par ceux qui possèdent et qui tremblent toujours qu'on ne leur enlève quelque chose, qui tremblent plus que jamais depuis que M. Gambetta a parlé, il l'a estampillée du nom de conservatrice, donnant tout à la fois par là un gage aux dynastiques éplorés des régimes déchus, en même temps qu'aux républicains.

Il a voulu dissiper la terreur que M. Gambetta flétrit en l'exploitant et c'est comme s'il avait dit :

Vous aurez une République sans émeute, sans violence, sans ateliers nationaux, sans déesse de la liberté, sans athéisme, sans socialisme d'Etat, sans impôt progressif, sans maximum, sans loi agraire, sans verbiage et sans utopie, une République pratique, modérée qui sauvegardera les intérêts matériels, sans rompre avec le progrès, mais sans résoudre précipitamment aucune des questions qui nous divisent.

Au fond, rien ne sera essentiellement changé, je n'en ai pas le temps ni le pouvoir ; vous conservateurs, vous aurez la chose, c'est-à-dire ce qui vous importe le plus, les places ; vous, républicains, vous aurez le nom et pendant que les uns et les autres vous ferez trève à vos querelles, je m'occuperai de ce qui est ma mission essentielle, relever le crédit de la France, lui donner une armée, payer l'étranger et raffermir l'ordre moral, en même temps que la sécurité matérielle.

Et l'illustre vieillard ne pouvait rien faire de plus habile ni de plus juste, de plus conforme à ses propres déclarations, *à l'essai loyal*, au pacte de Bordeaux dont il n'est pas sorti un seul instant malgré différentes manœuvres extra-politiques et parlementaires qui sont nécessaires en France à tous les gouvernements pour tromper, de droite et de gauche, la piste des oppositions.

Qu'importe maintenant de savoir si le mot de République conservatrice offre un sens plus ou moins grammatical? non sans doute, il n'y a pas, à proprement parler, de République conservatrice ni de République radicale, mais M. Thiers, grâce à ce mot, a fait accepter la République à ses amis et à ses ennemis.

Il a donné une formule à la majorité, un signe d'alliance à tous les partis.

Et cette politique a été si efficace, même auprès de républicains, dont la race est un peu moutonnière, qu'un membre très autorisé de la gauche disait lui-même il n'y a pas deux jours :

« On sait de reste que nous sommes le parti de la liberté ; il faut montrer même au prix des sacrifices les plus douloureux, que nous sommes le parti de l'ordre. (1) »

(1) M. Louis Blanc.

Deuxième Lettre.

Ce n'est pas vous qui pouvez ignorer, monsieur, que sous ces deux mots plus ou moins exacts au point de vue grammatical : « République conservatrice » et « République radicale » se cachent deux choses parfaitement réelles, deux genres de gouvernement parfaitement tranchés, deux formes de république parfaitement distinctes :

La République représentative.

La République démocratique pure.

Et il va bien falloir regarder de près ces deux formes de République, car c'est là un point capital.

Le problème se pose dans les termes les plus nets, grâce au discours de Grenoble.

Il s'agit de savoir si, comme forme de gouvernement républicain, nous remonterons à la démocratie grecque, de Sparte et d'Athènes, où le peuple gouvernait et votait directement les lois sous l'autorité d'un grand magistrat populaire comme Périclès ou Dracon.

Ou bien, si restant fidèle à la tradition moderne des Républiques contemporaines, comme en Europe et dans le Nouveau-Monde, nous aurons une République dans laquelle le pouvoir exécutif ainsi que le pouvoir législatif sont exercés par voie de délégation au moyen d'un président et d'une assemblée composée d'une chambre unique ou de deux chambres.

En d'autres termes, il s'agit de savoir si nous adopterons les principes de la Constitution du 24 juin 1793 ou ceux de la Constitution du 5 fructidor, an III.

Cette alternative s'impose de la manière la plus absolue à la façon du bravo qui demande la bourse ou la vie.

Nous ne nous engagerons pas ici dans des théories constitutionnelles , les heures sont comptées, il faut couper au plus court.

Il n'y a pas d'équivoque dans le dilemme que nous posons et les mots répondent à des idées claires qui ne paraissent pas encore avoir été été dégagées.

La *République représentative*, mal qualifiée sous le nom de république constitutionnelle, c'est le pouvoir exécutif exercé par un magistrat nommant directement ses agents, c'est le pouvoir législatif exercé par des assemblées, d'après les principes posés dans la constitution de l'an III, mal compris et méconnus par la Constitution de 1848 (1).

La *République démocratique pure* c'est le pouvoir exécutif exercé de haut en bas par des magistrats nommés par le peuple ; c'est le pouvoir législatif exercé directement par le peuple, par voie de plébiscites, rendus sur les propositions de lois qui lui sont faites.

(1) Voir plus loin, page 41, l'importante distinction qui est à retenir entre ces deux constitutions.

Telle est la Constitution de 1793.

Donc, encore une fois, est-ce la Constitution de 1793 que le parti radical nous prépare ?

C'est à cette question qu'il fallait acculer le discoureur de Grenoble.

S'il est impuissant à accoucher d'une formule qui soit autre chose que le décalque de la Constitution de l'an III, comment est-il assez présomptueux, assez ignorant pour *livrer* à la risée la République constitutionnelle qui n'est bien évidemment que la République représentative ?

Si c'est la Constitution de 1793 qu'il a la prétention de donner à la France, pourquoi n'a-t-il pas le courage de le dire ?

Ecoutez, conservateurs tremblants, qui vous êtes réfugiés à fond de cale de la République conservatrice, le moment est solennel !

****

Comment ne serait-ce pas la Constitution de 1793 que nous promet M. Gambetta ? M. Gambetta ne tient sa puissance que de la coalition du parti Jacobin avec le parti de la Commune ; il est l'héritier de Delescluze comme Octave était l'héritier de César ; il est en même temps le légataire universel du socialiste Millière.

Oh ! nous savons bien que M. Gambetta est, comme il le dit lui-même, un Génois doublé d'un gascon et d'un juif. Il se flatte d'arrêter le torrent quand il aura ouvert ses écluses. Dans son orgueil de tribun du peuple et de dictateur, il se dit comme Mirabeau : J'arrêterai cette foule qu'au fond je méprise. L'arrêter, ce sera mon rêve !...

M. Gambetta ne sera plus qu'un cadavre le jour où il froncera le sourcil contre les masses dont il a allumé les passions en les tentant comme fit le démon à Jésus-Christ en lui montrant Jérusalem du haut du Golgotha.

Les fortunes vertigineuses comme celles de M. Gambetta sont de celles qu'on expie, à moins d'être César ou Napoléon Ier. M. Gambetta n'est qu'un modéré que l'ambition a rendu furieux. Or, ce qu'on veut de lui, c'est sa fureur ; c'est pour l'entendre vociférer et mugir que Belleville l'a nommé, que la démocratie lyonnaise le porte dans ses flancs.

Les masses populaires comptent sur lui pour leur livrer la terre promise ; les socialistes qu'il a répudiés en 1869, mais que maintenant il embrasse sous les espèces de l'*Egalité fraternelle, de la justice pour tous* et de *l'émancipation morale et matérielle* du plus grand nombre, les socialistes comptent sur lui pour réaliser leurs rêves. Les ombres sanglantes des fédérés, dont les cadavres ont jonché les rues de Paris, sont sortis de leur sépulture et lui ont dit : le sang pour le sang, venge-nous et tu seras le maître !

Que M. Gambetta essaye de rompre ce pacte ; c'est là que nous l'attendons.

Voici la charte populaire que M. Gambetta apporte de toute nécessité avec lui : Suppression du budget des cultes.—Séparation de l'Eglise et de l'Etat sans indemnité pour les membres du clergé et sans liberté pour l'Eglise maintenue comme ci-devant sous la surveillance de l'Etat avec toutes les rectrictions légales de la législation actuelle. — Le divorce. — L'abolition des titres de noblesse. — Le rétablissement ou le maintien des mairies centrales de Paris et de Lyon.— La fédération communale. — La réorganisation de la garde nationale.

C'est là ce que nous appellerons, au point de vue politique, le programme préjudiciel, le don de joyeux avénement du dictateur.

Quoique ce programme doive, dans sa réalisation immédiate, susciter des difficultés effroyables, beaucoup de républicains, même modérés, étant donné le courant des idées actuelles, s'y rallieraient.

Mais comme M. Gambetta a déclaré qu'il ne voulait point de République constitutionnelle, c'est quand il s'agira de faire fonctionner les principales dispositions de la Constitution de 1793 que la ronde infernale commencera.

La rigueur des principes révolutionnaires exige une Convention en permanence, un Conseil exécutif puisé dans son sein, incessamment renouvelé et divisé en comités de direction sous lesquels les ministres ne sont que de simples commis.

La rigueur des principes démocratiques et révolutionnaires exige que les lois soient soumises à la sanction du peuple assemblé dans ses comices ou tout au moins qu'elles soient passibles de son veto selon les prescriptions de la Constitution de 1793, qui regardait la loi comme promulguée dès que le dixième des assemblées primaires n'avait pas déclaré s'y opposer dans un délai déterminé.

Telle est en bref l'*idée politique*, voyons maintenant l'*idée sociale*.

Si M. Gambetta n'a pas de programme socialiste dans son sac, il n'a pas de raison d'être. Or, voici le *minimum* des réformes sociales nécessaires que le Graccus d'aventure d'une France dégénérée doit apporter dans les plis de son manteau aux partisans de la loi agraire.

Impôt progressif. — Banque d'Etat, pour commanditer le travail des ouvriers indigents et mettre à la portée de chacun l'instrument de travail indispensable à tous les hommes. — Limitation du droit de succéder en matière collatérale afin que les héritages collatéraux ou en déshérence servent à instituer des caisses de bienfaisance communale pour venir en aide aux indigents, aux enfants et aux vieillards. — Vente des biens de l'Etat dans le même but. — Concession des mines et minières aux corporations ouvrières. — Participation légale de l'ouvrier aux bénéfices des patrons d'après un compte de dividendes basé sur le chiffre d'affaires.

Bienheureux les propriétaires et les capitalistes si une bonne petite loi ratifiée dans les comices électoraux par les assemblées populaires, suivant la prescription de l'article 12 de la Constitution de 1793, n'établit pas l'amortissement du capital suivant le système de Proudhon, auquel nous renvoyons pour plus ample informé !

Ai-je besoin, monsieur, d'examiner sérieusement ce gigantesque plan de réformes sociales et politiques dont la partie la plus turbulente du parti radical exigera la réalisation sur le champ?

Au point de vue politique seulement, convient-il de s'arrêter une minute à cette Constitution de 1793, qui obligerait le peuple des champs et des villes à être sans cesse assemblé sur la place publique pour voter les lois ou nommer les fonctionnaires publics ?

Mais suspect depuis longtemps aux exaltés de son parti qui le considèrent comme un traître prêt à vendre le peuple à la bourgeoisie, M. Gambetta, pour se réhabiliter à leurs yeux, leur a montré la pique surmontée du bonnet rouge et la Charte de Condorcet, comptant bien se moquer d'eux dès qu'il serait au pouvoir.

Rêve d'un impuissant qui, par une dérision de la fortune, est devenu l'un de nos maîtres !

Il faut arrêter le torrent révolutionnaire et l'on s'appelle César. Ou bien il faut le suivre et l'on s'appelle Mazaniello; on périt par le couteau, comme Jacques Arteweld, ou par la hache de Jean Maillard, comme Etienne Marcel.

Nous n'avons qu'une seule question à poser : La France accepterait-elle la subversion profonde, le bouleversement total des rapports civils, économiques et politiques qui résulteraient de la promulgation de la Charte populaire de 1793 combinée avec le plan de réformes sociales que nous venons d'indiquer ?

Non.

Demander plus que les temps ne comportent,

plus que le tempérament et les habitudes d'une nation ne peuvent supporter, c'est demander l'impossible; c'est l'application de cette maxime fatale qui a toujours perdu la République : TOUT OU RIEN. Il faudrait se replonger dans toutes les saturnales de l'hébertisme et du materialisme. Il faudrait recommencer la proscription contre les nobles, contre les prêtres, persécuter la religion comme une des branches de la magie, tout comprimer, tout écraser avec frénésie pendant quelques mois, et mourir, mourir de peur derrière un mur, comme dit M. Veuillot dans un de ses articles-pamphlets en tirant l'horoscope de M. Gambetta. Mais non, M. Gambetta ne mourra pas; les hommes de sa trempe ont le génie de la fuite. Il saura disparaître à temps comme il le fit de Bordeaux, à Saint-Sébastien, pendant la Commune; il disparaîtra, ce Français de fraîche date qui ne porte même pas un nom français, en abandonnant sa patrie expirante au milieu des convulsions de la guerre civile et de la guerre étrangère !

La République sera perdue avec M. Gambetta.

Sera-t-elle sauvée avec les conservateurs républicains?

Troisième Lettre.

La République perdue avec M. Gambetta se-ra-t-elle sauvée avec les conservateurs républi-cains ? avons-nous dit. Nous voudrions le croire, monsieur, nous ne le pouvons pas, du moins tant qu'elle restera à l'état de masse flot-tante et inorganisée, marchant sans programme et sans discipline sous la conduite d'un gouver-nement dont le dernier mot est encore une énigme.

Certes personne ne professe un respect plus profond, une admiration plus complète que nous-même pour le grand homme d'Etat qui a consacré le reste de ses forces et son intel-ligence, demeurée toute puissante à l'œuvre si complexe du salut de la France.

Mais à l'heure qu'il est, nous ne croyons pas que M. Thiers puisse, sans danger, continuer la politique qui lui a si bien réussi jusqu'à présent.

Grâce à sa haute expérience gouvernementale et à sa profonde habileté, il a pu grouper une masse conservatrice entre la droite et la gauche, en les tenant en échec l'une et l'autre ; mais tout le monde sait à quoi se réduit, en temps de révolution, la force des centres qui ne peuvent opposer qu'une résistance passive et des vues incertaines à l'action énergique des partis extrêmes, lesquels tendent sans cesse à subjuguer la majorité et y parviennent ordinairement par la force.

Pour se soustraire aux sollicitations de la droite et ne pas ouvrir la porte au parti révolutionnaire, qui s'affirme par l'organe de M. Gambetta; en un mot, pour rester au centre et y garder la République, — il faudrait, ce me semble, que M. Thiers fût en mesure de déterminer les conditions d'existence du parti libéral conservateur, de préciser la formule républicaine qui lui est propre; en un mot, que M. Thiers sortît de la République conservatrice, pour entrer dans la République fondatrice.

Or, notre observation porte précisément sur l'insuffisance des projets de réforme émanés de l'initiative gouvernementale.

Si nous voulons rester en République, il faut lui donner les éléments qui puissent la faire vivre, des bases sur lesquelles elle puisse reposer.

« On n'est jamais entré en France dans un régime franchement républicain. Dans nos essais de république, on a eu peur des peuples, comme dans nos essais de monarchie constitutionnelle, on a eu peur des rois, » dit fort bien Benjamin Constant.

Et Montesquieu dit :

« Dans la démocratie, il faut donner au peuple tout ce que la démocratie comporte sans quoi elle ne saurait subsister. »

En face des ruines accumulées par l'invasion, en présence de nos fautes, éclairés par nos révolutions incessantes, reconnaissons que la France a besoin de réformes politiques moins superficielles que celles qu'on semblait lui destiner tout d'abord.

Non, il n'est pas possible que sous la République, quelque nom qu'on veuille lui donner, le fond des choses reste ce qu'il est. Un journal qui n'est pas suspect de radicalisme, le *Journal des Débats*, a lui-même reconnu et prouvé dans plusieurs articles remarquables que l'enseignement était à refaire de fond en comble. Eh bien, croit-on, par hasard, que l'enseignement reconnu vicieux aujourd'hui par les hommes politiques sérieux de tous les partis soit la seule chose vicieuse de notre organisation, la seule branche d'administration où il faille porter le pic et le marteau ?

Est-il possible de maintenir l'organisation actuelle de la magistrature civile, avec laquelle un procès dure quinze mois en première, instance deux ans et demi ou trois en appel ?

Est-il possible de former une nation libre, d'avoir une bonne et véritable justice sans une magistrature élective analogue au jury civil de l'Angleterre ou des États-Unis ?

Est-il possible de conserver intact un Code d'instruction criminelle où se trouvent des dispositions qu'on est obligé d'appeler barbares; des peines contraires aux plus simples notions de l'équité sur le vagabondage, sur la mendicité, sur la correction paternelle, sur la surveillance de la haute police, sur le régime pénitentier; un code d'instruction criminelle dans lequel n'existe

aucune garantie sérieuse, réelle, efficace, de la
liberté individuelle, de l'inviolabilité du domicile, où l'instruction des affaires criminelles, la
défense des accusés rencontre à chaque instant
des entraves ou des restrictions révoltantes ?

Est-il possible de parler de république et de
démocratie dans un pays où le droit de réunion
et d'association sont proscrits, et où le peuple
ne prend aucune part véritable à l'administration
des affaires publiques ?

Oh ! nous savons, hélas ! combien il est difficile d'habituer les Français au régime de la liberté sans qu'elle dégénère en licence ; mais il
ne faut pas parler de République, ou bien si on
la veut, il faut lui donner la somme de *libertés
nécessaires* qu'elle comporte. Le mot a été illus-
tré par M. Thiers.

Eh bien, le parti républicain conservateur,
les gros de ce parti, voulons-nous dire, s'ima-
gine qu'il a suffi au gouvernement de changer
de nom et qu'on pourra conserver tout ce qui
est; c'est une erreur.

Si République conservatrice était équivalent
de République qui conserve des abus, qui persé-
vère dans de mauvais errements ; ce serait, en
effet, une absurdité.

Mais du mot de conservateur, M. Thiers n'a,
certainement voulu retenir que cette seule chose :
gouvernement républicain de tout le monde,
sans exclusion.

Malheureusement les conservateurs en général ne comprennent pas les choses comme
M. Thiers. Ils rêvent une République fermée

aux idées modernes, comme M. Gambetta rêve une République fermée à tous ceux qui ne sont pas de sa coterie. Ils perdront la République par effroi du progrès, comme M. Gambetta la perdra par l'utopie et le débordement révolutionnaire qui le portera bientôt sur ses flots comme un tronc d'arbre déraciné.

Si le salut n'est ni dans le parti radical, tel que M. Gambetta l'entend, ni dans le parti conservateur, composé des éléments les moins homogènes, où donc est-il ? Nous allons essayer de le dire.

*_**

A l'heure présente tout est encore entre les mains de M. Thiers. L'ouragan déchaîné par le discours de Grenoble non seulement n'a pas ébranlé le vieil Antée, mais il l'a raffermi.

Pareil à Monck, mais plus honnête et d'une bien plus haute portée d'esprit, M. Thiers, cela est évident, pour quiconque voit froidement les choses, ne veut faire que ce que le pays voudra, rien de plus ; mais, comme le dit fort bien Sismondi : « Rien n'est plus difficile, malgré les apparences, de discerner, la véritable volonté d'une nation. »

La majorité du pays était monarchique au 8 février, c'est un fait ; il faut accepter les choses telles qu'elles sont. Après les désastres de la Commune, l'Assemblée nationale pouvait faire la monarchie ; le courant a changé, il peut chan-

ger encore à la première catastrophe, comme on
dit qu'il commence à changer depuis la bourras-
que de Grenoble.

Eh bien, M. Thiers est là, la boussole et la main,
sondant les récifs, consultant les vents et les
astres.

S'il va vers la droite, il fait la monarchie ; s'il
va vers la gauche, il fait la République gambettiste ; s'il reste au centre, il retombe dans la République conservatrice, qui ne peut lui donner
aucune force véritable parce qu'elle n'a aucun
programme défini et qu'elle est comme une
vaste armée qui n'a ni cadre ni discipline.

Sans doute, il y a le centre droit, que com-
mande M. de Broglie ; le centre gauche, où le
général Chanzy tient momentanément votre
place ; car, c'est vous, monsieur, qui êtes ou qui
serez le véritable chef de ce clan parlementaire.

La solution vraisemblable du problème con-
sisterait donc au premier abord à constituer
quelque chose avec la fusion des deux centres :
centre droit et centre gauche, c'est-à dire à coup
sûr l'élite du pays.

Or, s'il faut en croire les journaux les plus
accrédités de la Présidence, tel est justement
l'effort qui serait tenté en ce moment sous vos
auspices avec le patronnage éminent de M. le
Président de la République.

Mais que peut-on constituer de vrai, de juste
et de solide avec la fusion des deux centres ?
c'est-à-dire, avec les demi-républicains du cen
tre gauche et les demi-royalistes du centre

droit ? disent les adversaires de la conciliation des deux centres. Un régime mixte, qui aurait la prétention de concilier les principes de la République avec ceux de la monarchie en leur faisant une part à peu près égale. On mélangerait dans les meilleures proportions possibles l'aristocratie avec la démocratie, le droit divin avec la souveraineté du peuple, l'enseignement serait à moitié catholique, à moitié athée ; à moitié gratuit et à moitié obligatoire ?

Telle est l'objection, il en faut tenir compte.

Aussi ne s'agit-il point de constituer un régime bâtard, qui ne serait que la monarchie de 1830 ou celle de l'Empire déguisé sous le nom de République.

Il faut des réformes franches, nettes, précises, des formes d'administration appropriées au régime républicain et assurant le maintien de ce régime.

Quelles sont les conditions de la fusion qui est en train de s'opérer en ce moment ? Je l'ignore ; mais cette entreprise éminemment nationale, à laquelle se rattache votre éminente personnalité, n'aurait pas grande chance de réussir, si elle ne se présentait que sous la forme d'un compromis équivoque entre le centre gauche et le centre droit.

La solution n'est pas là : elle est dans la formation d'uu tiers-parti républicain qui se constituerait, non pas par un équilibre impossible entre le centre droit et le centre gauche, mais par une absorption irrévocable du centre droit dans le centre gauche, qui seul représente la République dans la meilleure acception du mot.

Et qu'on ne dise pas que ce tiers-parti républicain est une fiction.

Nous venons de montrer quelle pourrait être sa formule parlementaire; nous allons rechercher quelles doivent être ses idées générales.

Quatrième Lettre.

Il y a en France, Monsieur, quatre écueils que nous n'avons jamais pu éviter à travers nos tentatives incessantes de transformation :

Le fanatisme sectaire ;

La routine ;

La logomachie ;

Les préjugés politiques.

C'est beaucoup, c'est trop que quatre *impedimenta* de cette force.

Le *Fanatisme*. On sait surabondamment à quoi s'en tenir après le *Syllabus* de M. Gambetta. Cette école imposerait l'athéisme sous les peines de l'Inquisition. M. Gambetta est le chef de l'orthodoxie révolutionnaire, le pape des infaillibles et des impeccants ; il lance l'anathème et l'excomunication comme Grégoire VII. Tout cela est ridicule ; il est ridicule d'imposer la foi au nom de la Révolution qui est le libre examen, quand on fait aux catholiques un crime de leur intolérance et de leur prosélytisme. M. Gambetta et ses séïdes sont des ultramontains retournés.

La *Routine*. Il y a une routine révolutionnaire comme il y a une routine monarchique et elle consiste à transporter dans l'idée républicaine des habitudes d'imitation et de plagiat qui font ressembler les révolutions modernes à des mascarades dont les acteurs portent des oripeaux fripés depuis deux cents ans. Il faut procéder de son temps et de son siècle.

Les *Mots*. En 1865, dans un ouvrage qui n'a jamais vu le jour et qui devait être intitulé : les *Equivoques de la langue politique*, nous écrivions :

« On commence à s'apercevoir qu'il règne dans la langue politique un certain nombre de mots dont l'analyse logique est à faire dans l'intérêt de la raison publique qu'ils ont complétement fourvoyée. Leur rôle, leur influence sont quelque chose d'inconcevable; ils ont obscurci les notions les plus claires, enlevé toute précision à la pensée, faussé tous les points de vue, réduit la polémique à des épithètes et la discussion à des formules.

On se demande si cette barbarie dans les mots ne pourrait pas mener plus loin; si la routine elle-même ne se cacherait pas sous cette terminologie; si ce n'est pas donner trop beau jeu à la légèreté ou même à la mauvaise foi que faire consister tout le bagage de la politique dans un échange de formules mécaniques que l'on prend comme dans un magasin. Ne pourrait-on pas dire aussi que c'est manqner de respect envers le peuple même qui est devenu la base des pouvoirs publics depuis l'établissement du suffrage universel, que de lui servir des phrases creuses semblables à une nourriture grossière faite pour des estomacs grossiers ?

Ce n'est que par des idées justes qu'un peuple peut conquérir sa liberté et la maintenir; or les déclamations vagues, les paraphrases routinières, les galimatias pompeux ne font pas entrer une idée dans la cervelle. Si la France, comme on le dit tous les jours, est une démocratie, il faudrait qu'elle fût tempérée par le ridicule, comme à Athènes, où le bon sens national était préservé de toute atteinte par les sarcasmes de la poésie satirique. Le jargon de la médecine a été immolé pour toujours par les brocards de Molière; il y a quelque chose de semblable à faire pour le jargon de la politique. »

Ce que nous disions là il y a six ans est malheureusement tout aussi vrai que sous l'Empire.

Les *préjugés politiques*. Les Français se trompent avec une facilité singulière sur la valeur des hommes à qui ils donnent leur confiance et qu'ils portent au pouvoir, pourquoi? Parce qu'ils prennent la parole comme le signe exact de la capacité politique et de l'énergie.

De là viennent ces déplorables engouements dont la France a été victime; M. Jules Favre parlait bien, on s'est dit : c'est un grand cœur et un homme d'État; M. Trochu parlait bien, on s'est dit : c'est un grand général et ainsi de M. Gambetta, *e tutti quanti*.

En faisant de la parole le signe de la valeur intellectuelle, on s'est trompé de la manière la plus considérable qui se puisse, la nature n'alliant que très exceptionnellement l'éloquence avec les facultés viriles. D'où il faudrait conclure neuf fois sur dix que si un homme parle bien, il sera nul comme valeur politique et nul comme action.

Autre observation non moins importante ; les Français, confondent la dextérité du premier bohème venu qui parvient au pouvoir par des tours de passe-passe et qui s'y maintient par des tours d'adresse, avec la capacité de l'homme d'État.

L'un remue des mondes, le second n'est qu'un agent d'affaires véreux ou même un simple filou.

Et que dire maintenant de nos lamentables hérésies dans toutes les questions de politique extérieure, quand on a vu l'Empire reconstituer l'Italie aux acclamations du parti démocratique et favoriser les développements de l'hégémonie allemande avec son concours !

Le tout pour soutenir je ne sais quelles divagations humanitaires qui ont fini par amener l'écrasement de la France, le triomphe cynique de la force et la destruction de toutes les garanties internationales sur lesquelles reposait le droit public européen depuis le traité de Westphalie !

Après quatre-vingt ans de révolutions qui nous ont montré toutes les vanités des Constitutions politiques qui ne sont pas calquées sur les mœurs, après deux mille ans de recherches philosophiques qui nous ont montré la vanité des théories métaphysiques sur les mondes, après avoir vu parmi tant de ruines la ruine même de nos croyances religieuses, allons-nous créer une superstition particulière sur la forme de gouvernement qui s'appellera la superstition politique, nouvelle religion dont M. Gambetta et ses derviches seront les apôtres, distribuant des amulettes aux fakirs du nouveau culte?

Est-ce qu'il n'est pas temps enfin, pour nous autres Français, d'arborer la politique expérimentale, le réalisme politique, le *positivisme politique* suivant la méthode de Descartes, qui enseigne à ne croire qu'aux résultats de l'expérience et de la raison pratique.

Si ce mot ne devait soulever des récriminations, nous dirions presque qu'il faut être *sceptique* en politique, ce qui ne veut pas dire, dans notre pensée, qu'il faut tout nier et ne croire à rien, mais qu'il faut tout peser, tout examiner, ne croire qu'à ce qu'on touche pour ne pas être dupe des mirages de la théorie et du verbiage des charlatans; qu'il faut se défendre des illusions, des engouements de l'enthousiasme qui ont été si fatals dans nos assemblées parlementaires où l'entraînement des passions, du tempérament et de l'éloquence a souvent emporté d'emblée les motions les plus irréfléchies et quelquefois les moins sensées; c'est ce qu'on pourrait appeler l'*illuminisme politique*, c'est-à-dire la plus dangereuse des tendances, parce que le délire des passions est substitué à la froide raison de l'homme d'Etat.

Mirabeau et Danton, les deux hommes qui ont le mieux compris la Révolution et qui en ont été le plus maîtres, étaient des sceptiques, dans le sens où nous l'entendons. M. Thiers est de la même école.

Mais est-ce que le sens politique empêche l'amour et la passion du bien ? Que de fois avonsnous répété, sans pouvoir les faire entendre, ces paroles : « il faut mettre le tempérament le plus énergique au service des idées saines ; il faut vouloir avec passion des choses pratiques. »

Eh bien, ce que nous venons de caractériser là en termes trop peu rapides encore à notre gré, c'est le parti des *politiques*, de ceux qu'on appelait les hommes d'Etat sous la Terreur, les politiques au XVIe siècle, parce qu'ils s'interposaient au nom de l'intérêt public entre les calvinistes et les catholiques, et qu'il faut appeler encore aujourd'hui les politiques, car il n'y a pas de meilleur nom à leur donner.

Les politiques, c'est-à-dire ceux qui font passer l'intérêt du pays avant tout, les institutions qui assurent l'exercice des droits publics avant les formes du gouvernement, et enfin la forme du gouvernement républicain avant toute autre, parce qu'elle assure mieux que toute autre la sanction de tous les droits.

Le tiers parti républicain répudie les mots, les formules toutes faites, les préjugés révolutionnaires comme les préjugés de caste,

Point d'illuminisme ni d'alchimie politique, point de fétichisme, point d'idolâtrie révolutionnaire, point de mascarade révolutionnaire, point de pastiches historiques, point d'hommes providence, pas plus en République qu'en monarchie; point de dynastie monarchique, soit; mais point de dynastie républicaine, et, au besoin, l'énergie révolutionnaire contre les révolutionnaires systématiques.

Croit-on qu'il n'y ait pas beaucoup d'hommes en France qui pensent ce que nous pensons là? Eh bien, voilà la physionomie morale de ce tiers parti dont nous parlons.

Encore un peu de patience, nous allons donner maintenant son programme.

***

Si nous étions un peuple vraiment pratique, nous ne devrions pas faire de Constitution.

Toutes les Constitutions que nous avons faites depuis soixante ans, et l'on en compte seize, c'est-à-dire cinq environ par chaque période de vingt ans, ont servi de cible à tous les partis vaincus. Elles ont été, entre les factions déchaînées, comme des traités dictés et signés sous l'épée du vainqueur, et elles ont été déchirées à chaque insurrection victorieuse. Dès qu'une Constitution est faite, elle a pour ennemis tous ceux qu'elle ne contente pas, tous les monarchistes si elle est républicaine, tous les républicains si elle est monarchiste.

Nous croyons donc que ce qu'il y a de mieux à faire quant à présent, ce serait de procéder par un ensemble de lois constitutives à la réorganisation du pays et à la fondation du gouvernement républicain :

1° Ne pas faire de Constitution quant à présent, mais en jeter les bases principales afin d'asseoir la République, et de rendre à la vie industrielle et commerciale l'impulsion qui lui manque encore.

2° Opposer une digue aux ultra qui s'apprêtent à immoler la République avec un fer sacré, et creuser à la démocratie un lit suffisamment large où ses flots changeants puissent couler.

Pour les monarchistes comme pour les républicains, l'*essai loyal* est fini, le pacte de Bordeaux est dénoncé. La République conservatrice était un radeau, le radeau de la Méduse, tout l'équipage va sombrer si l'on ne touche au port. Le provisoire a vécu. Il faut du définitif, les monarchistes l'exigent comme les républicains ; il faut arracher aux Gambettistes cet argument dont ils se servent avec une certaine habileté et qui consiste à dire : Vous vous dites l'ordre et vous ne pouvez rien constituer ; vous êtes comme un poitrinaire qui va mourir, les feuilles tombent, vous ne reverrez pas le printemps. Puisque vous ne voulez pas donner le définitif, c'est nous qui le tenons, c'est nous qui le donnerons.

Va donc pour le définitif ; mais entre les choses nécessaires, il faut commencer par les plus nécessaires et faire les plus simples.

Cinquième Lettre.

Pourquoi, par exemple, monsieur, au lieu d'une série d'articles constitutionnels forgés de toutes pièces, ne pas procéder, comme dans la Constitution belge, par une simple déclaration des droits? La Constitution reconnaît tels et tels droits nommément énoncés et non pas jésuitiquement sous-entendus comme dans la Constitution dictatoriale de 1852 qui proclamait et reconnaissait les grands principes de 89 en les escamotant tous par des lois particulières dites organiques, en faisant disparaître qui la liberté de la presse, qui la liberté individuelle, qui l'inviolabilité du domicile ou le secret des lettres, etc.

Et, à ce propos, il y a une disposition constitutionnelle fondamentale qui a été, il faut le dire, impunément, audacieusement violée par les assemblées.

La Constitution dit : Je vous accorde un droit ; et une Assemblée arrive qui dit : Ce droit je vous l'ôte. Ceci est une insurrection contre la souveraineté nationale, qu'on le sache bien.

Oui, il faut quelquefois user de la force et en user impitoyablement, oui, il faut quelquefois suspendre le cours des lois en présence d'événements imprévus, et il n'est pas besoin de crier par-dessus les toits qu'on est révolutionnaire pour reconnaître cette nécessité fatale de tous les gouvernements dans les crises suprêmes ; mais que l'arbitraire soit reconnu pour l'arbitraire, comme le disait M. Pasquier, comme le disait M. Royer-Collard. Que l'arbitraire n'entre jamais sous forme de principe et de règle dans nos lois. Que toute mesure législative qui fait exception au droit commun et qui en fait momentanément cesser l'exercice, soit déclarée transitoire et qu'un terme fatal, inflexible lui soit fixé.

L'idée de l'omnipotence des assemblées est une monstrueuse hérésie. Quand elle se produit par une loi organique venant faire échec à un principe, à un droit fondamental reconnu par la Constitution, c'est une usurpation, un véritable coup d'Etat qui excuse s'il ne légitime pas une révolution.

Il faut donc s'en tenir comme à une certitude absolue à ce principe inscrit dans la Constitution de 1791 : Qu'une assemblée n'a pas le droit de faire des lois qui portent atteinte aux droits inprescriptibles reconnus par la Constitution, et certes ce principe-là il peut-être gravé sur l'airain et sur le marbre, il doit figurer en tête de la Constitution si l'on en fait une.

Le tiers parti républicain ne croit possible qu'une République représentative ou le pouvoir législatif s'exerce, non pas directement par le peuple, mais par voie de délégation, au moyen de deux assemblées ; or comme la marche et la portée de nos idées sont suffisamment sensibles pour que nous nous dispensions de faire ici un cours de droit constitutionnel, nous décrirons ainsi qu'il suit l'économie de la Constitution du tiers parti républicain dont les principales dispositions sont empruntées à la Constitution de l'an III.

Un corps législatif *permanent*, composé de *deux assemblées* renouvelables *par tiers* tous les ans, exerçant collectivement le pouvoir législatif, l'une par l'initiative et le vote des lois, l'autre par la sanction définitive qu'elle leur donne ; la première représentant la force progressive des idées et des besoins populaires, l'autre la puissance conservatrice des intérêts matériels et moraux.

Un ou plusieurs chefs d'État, élus temporairement par le peuple et nommant à toutes les fonctions publiques qui dérivent du pouvoir central, à l'exception de la magistrature qui, d'ailleurs, n'en dérive pas, et ne doit en dépendre que pour les magistrats du ministère public.

Le pouvoir judiciaire exercé par des magistrats ou jurés élus même en matière civile pour le tribunal de première instance, la Cour d'appel et la Cour de Cassation.

Il faut en venir au jury civil comme en Angleterre et aux États-Unis, il n'y a pas à reculer, c'est une réforme qui était demandée dès les temps les

plus reculés de notre histoire révolutionnaire.
C'est une institution que Montesquieu lui-même,
regarde comme indispensable dans une démocratie (1), et que la Constitution de 1791, elle-même,
n'avait pas hésité un seul instant à consacrer sans
la moindre opposition de la part de Louis XVI.
Si nous ne faisons pas cela, la Révolution le fera
à juste titre, mais en compromettant par excés de
zèle la cause qu'elle s'est chargée de défendre.

En matière correctionnelle il faut un jury d'ac-
cusation comme un jury de jugement.

Les garanties de la liberté individuelle nous
font complétement défaut et rien que sur ce
point il y a un programme spécial et complet qui
pourrait être présenté aux applaudissements du
pays, mais dont il nous serait impossible sans
nous étendre démesurément, de préciser ici les
détails.

D'autres préoccupations nous appellent. Nous
ne ferons aussi que mentionner en passant l'enseignement gratuit et obligatoire. A nos yeux,
c'est une réforme dont la nécessité doit être dé-
montrée pour tous les partis. Vainement vien-
drait-on dire qu'elle porte atteinte à la liberté du
père de famille. L'enseignement primaire est une
mesure de haute police politique, et le père de
famille n'a pas plus le droit de ne pas instruire

(1) Voici ce que dit textuellement Montesquieu :
« Les principales lois relatives à la démocratie sont
que le peuple, soit à certains égards, le monarque à
d'autres, le sujet notamment qu'il *élire ses juges et
ses magistrats*. T. II, p. 153.

ses enfants que de laisser tomber sa maison en ruines, ou de ne pas y maintenir des conditions de salubrité hygiénique.

Seulement, et voici ce qui nous distingue des Radicaux ultra. Nous disons enseignement gratuit et obligatoire, et non pas enseignement gratuit, obligatoire et laïque, l'enseignement obligatoire laïque étant ou pouvant paraître une atteinte à la liberté de conscience (1).

****

On se demandera probablement pourquoi nous prenons pour type du régime représentatif républicain la Constitution du 5 fructidor an III, au lieu de la Constitution de 1848. C'est bien simple.

La Constitution de 1848 n'était pas autre chose que la Charte de 1830, avec le suffrage universel en plus. Comment ! Cette Charte soi-disant républicaine laissait subsister toute la centralisation napoléonienne avec sa hiérarchie administrative calquée sur la hiérarchie militaire ! Com-

(1) Comme il s'agissait d'être bref dans cet exposé, nous n'avons pas voulu nous étendre sur la Constitution de l'an III, qui se compose de 377 articles assez diffus dont la majeure partie ne serait plus applicable. Nous n'y avons puisé que les éléments essentiels du régime Représentant Républicain : la 2me chambre, la permanence, le renouvellement partiel, le suffrage à deux degrés, le jury civil.

ment ! Elle laissait subsister la magistrature fonctionnaire, le conseil d'État, l'irresponsabilité des agents de l'autorité publique consacrée par l'article 75 de fabuleuse mémoire, tout le système de la loi de pluviôse an VIII qui met l'administration des communes en tutelle pour cause de minorité et d'incapacité. Elle laissait subsister toutes les lois assassines du Code d'instruction criminelle et pénale qui livrent à la merci des agents subalternes de l'autorité judiciaire la garantie du domicile, la sécurité individuelle et le droit sacré de la défense ! Elle ne donnait pas même à la France l'*habeas corpus* que les Anglais possèdent depuis le roi Jean ; maintenait l'article 95 du Code pénal qui interdit toutes les formes d'association qui ne sont pas autorisées par la loi, l'article 10 de la loi de de 1834 qui en aggrave encore les restrictions !

Que ne maintenait-elle pas cette Constitution menteuse rédigée avec une ignorance aveugle, insensée de l'histoire politique et révolutionnaire de la France !

Qu'était-ce donc que cette Charte soi-disant républicaine ? C'était une constitution monarchique ou plutôt césarienne, pas autre chose, tandis que la Constitution du 5 fructidor an III est essentiellement basée sur des principes démocratiques avec le système représentatif comme mécanisme législatif et gouvernemental.

L'élément représentatif consiste dans la création de deux assemblées issues du suffrage universel, l'une au premier degré, l'autre au second degré, comme le sénat américain.

L'élément démocratique conserte dans l'élection au premier degré du chef temporaire du pouvoir exécutif, des conseils municipaux départementaux et d'arrondissement ; au second degré dans l'élection du corps judiciaire, tribunal de première instance, cour d'appel, cour de cassation.

*
* *

Quel est le radicalisme sensé politique et pratique qui peut aller plus loin? seulement nous avons laissé en dehors du programme des réformes ou qui ne sont pas susceptibles d'une solution immédiate ou qui allumeraient immédiatement la guerre civile.

Nous écartons au moins momentanément le principe de la séparation de l'Eglise et de l'Etat dont les radicaux n'ont point encore étudié les conditions pratiques et qui soulève dans l'état actuel des esprits des difficultés capitales tout en ayant pour résultat immédiat de déchaîner le clergé contre la République.

Nous laissons enfin de côté, et cela n'est pas moins grave, la question du retour de l'Assemblée à Paris parce qu'à nos yeux la sécurité de la France, son commerce, son industrie, sa vie morale, sa rédemption ne doivent pas dépendre d'un coup de main qui pourra toujours se faire un jour ou l'autre dans un moment d'exaltation populaire, sous l'empire de ces influs nerveux d'opinion qui brisent tous les courages et déracinent en une heure les gouvernements les mieux établis. Entre une révolution et une autre révolution, il faut encore pendant un temps la distance qui sépare Paris de Versailles.

Les problèmes de l'heure présente s'accumulent et nous ne pouvons plus que les parcourir et les préciser, nous réservant de les étudier en temps et lieu d'une manière plus complète.

Faut-il une seconde Chambre? Sénat ou conseil des Anciens? Oui. Une Chambre, produit d'un second degré d'élection qui serait, par exemple, les choix faits par les conseils généraux dans leur propre sein.

Différant en cela de M. Laboulaye, nous n'admettons pas que ce sénat émane directement du suffrage universel. Tout en reposant sur le suffrage universel, il doit procéder non pas d'une source plus élevée ni plus pure, mais d'un principe électif plus pénétré des conditions véritables de la vie politique et du gouvernement, comme le sénat de Rome qui était nommé, non par le peuple, mais par les censeurs.

Quant aux considérations toutes puissantes qui militent en faveur de l'établissement d'une seconde Chambre, M. Laboulaye les a trop bien et trop complétement déduites pour que nous ne renvoyions pas à ce publiciste si autorisé ceux qui sentiraient le besoin de s'édifier sur la question (1).

(1) Voir le *Journal des Débats* des 18, 19, 26, 28 septembre; 4 octobre et 9 novembre.

Pour nous, elle se résume en un mot : s'il n'y a pas pour le vote des lois l'épreuve nécessaire d'une deuxième chambre faisant écluse au torrent législatif, la République périra ou par réaction comme en 1848, ou par entraînement comme en 1793. Les Constituants du 22 frimaire plus près de 93 que nous, ayant vu les assemblées uniques tomber sous le joug des décemvirs, être réduites en esclavage comme le fut la Convention, avaient créé le Conseil des Anciens comme obstacle à la dictature et à l'anarchie, et cette constitution qui a duré trois ans, nous l'aurions peut-être encore aujourd'hui dans ses dispositions essentielles sans le coup d'Etat du 18 brumaire.

Sixième Lettre.

Vous avez bien évidemment remarqué, monsieur, avec quel soin les sectaires de la *République française* s'attachent à discréditer les efforts qui se font en ce moment pour opérer ce qu'on a appelé la conjonction des centres.

Les élections républicaines du 20 octobre, la dernière lettre de M. le comte de Chambord sont autant d'arguments dont ils prétendent se servir soit pour arriver à la dissolution de l'Assemblée nationale, soit pour tenir en échec la fusion des deux centres.

Ils la présentent comme une combinaison dont il avait été question un moment, mais qui a été abandonnée depuis comme une manœuvre stratégique impuissante, ridicule, comme un projet inoffensif, comme un de ces jeux parlementaires une de ces bagatelles dont il n'y a pas même lieu de s'occuper.

On comprend ce que cela veut dire.

Que deviendrait, en effet, toute la coterie de la rue du Croissant, les Ranc, les Spuller, toute la monnaie de billon du radicalisme gambettiste si les deux grandes fractions parlementaires qui représentent l'état-major intellectuel du pays venaient à s'entendre?

Que deviendraient les ambitions subalternes,

qui rêvent pour M. Gambetta la grande dictature populaire aux cinq cent mille bras qui était l'idée fixe de Marat ?

Tous ces nains difformes, qui ont la prétention de terroriser le parti républicain pour s'en rendre maître, disparaîtraient de la scène comme les acteurs sifflés d'une mauvaise pièce.

En attendant, il s'agit de les contraindre à sortir de l'inconnu dans lequel ils s'enveloppent et qui fait en ce moment toute leur force.

Ils veulent se glisser au pouvoir à l'aide d'une équivoque sans dire ni qui ils sont ni ce qu'ils prétendent. C'est cette équivoque qu'il faut dissiper ; c'est cet inconnu qu'il faut dégager et nous croyons l'avoir fait en dressant le bilan de la république radicale qui n'est rien ou qui est la dictature révolutionnaire de M. Gambetta avec la Constitution terroriste de 1793, c'est-à-dire une frénésie de six mois au plus terminée par un coup de balai militaire.

*
* *

Dans cette course rapide, nous n'avons pas eu le temps de toucher, monsieur, à ce qu'on appelle la question sociale. Ce n'est pas dans un espace aussi restreint que nous pourrions le traiter chaque jour suffit sa tâche.

Nous sommes ici sur un terrain purement politique et toute la question est de savoir quant à présent si la République représentative, telle que nous venons de la définir, n'est pas le *summum* du possible.

Nous mettons au défi les radicaux gambettistes de formuler autre chose.

Mais tous les sycophantes ne sont pas dans la peau des monarchistes. L'inconnu est, nous l'avons dit, la seule force de M. Gambetta et de ses séïdes et ils se garderont bien d'en sortir pour venir vider le débat à ciel ouvert.

Politiquement parlant, que peut-on faire de plus que ce que nous avons essayé d'indiquer ? Sous quelle autre forme constitutionnelle la conjonction des deux centres peut-elle s'accomplir ?

De formes constitutionnelles, monsieur, il n'y en a que cinq et les voici :

1° La monarchie aristocratique parlementaire avec la Charte de 1814 ;

2° La monarchie césarienne avec la Constitution du 14 janvier 1852 ou les Constitutions du premier empire ;

3° La monarchie bourgeoise et parlementaire de Louis-Philippe avec la Charte de 1830 ;

4° La démocratie pure avec la Constitution du 24 juin 1793 ;

5° La Republique représentative telle que nous l'avons définie avec la Constitution du 5 fructidor an III.

Qu'on cherche, qu'on compulse les annales de la politique et de l'histoire, il n'y a pas de sixième terme gouvernemental applicable à notre pays.

Soyons donc logiques une fois par hasard. Si

on ne veut ni de la monarchie du droit divin
avec Henri V, ni du césarisme avec Napoléon IV,
ni de la monarchie bourgeoise avec Louis-Philippe II, ni de la démocratie pure avec un Gambetta quelconque, il ne reste que la République
du Nouveau-Monde et de la Suisse; est-ce clair?

S'il n'y a pas autre chose à faire, il faut sortir
du bavardage et de la polémique stérile, il faut
adopter cette dernière forme de gouvernement
et c'est au centre gauche qu'il appartient de la
donner en absorbant dans son sein toutes les
nuances de la monarchie comme toutes les
nuances de la République.

L'expérience, la logique, la raison pratique,
la nécessité ne fournissent pas d'autre solution
constitutionnelle.

Et en proposant cette solution, quels principes,
quels scrupules avons-nous heurté même dans
le parti catholique, à part le dissident de rigueur
sur la forme gouvernementale?

Est-ce que la Restauration pourrait refuser le
jury civil, et la sanction législative des garanties qui manquent à la liberté individuelle?

Nous défions un parti quelconque de ne pas
être avec nous sur ce programme ; et si nous
n'avons rien exagéré, n'est-ce pas sur ce terrain
même que pourrait, que devrait essayer de se
constituer ce grand parti national dont on a tant
parlé et dont on a ri?

Et ce parti essentiellement politique, ce parti
de la France, ce parti du salut se formerait par
une phalange avancée, se détachant du centre
gauche sous la conduite de M. Casimir Périer,

sentinelle avancée de M. Thiers, dans cette nouvelle ligue du Bien public.

Donc, point d'utopie, en tout ceci, point de fiction, il n'y a pas un moment à perdre pour établir la République dans les camps retranchés dont nous avons essayé de tracer les limites.

A l'œuvre ! *Vigitantibus jura subvenient non autem dormientibus.*

***

Le couronnement de toutes ces dispositions préliminaires ne peut consister, on le comprend sans peine, que dans une mesure décisive, qui a déjà été proposée (1), savoir : la nomination de M. Thiers comme président de la République pour une période qui dépasserait la durée des pouvoirs de l'Assemblée nationale actuelle.

M. Emile de Girardin, dans une série d'articles fort remarqués, propose que cette nomination ait lieu par voie de plébiscite. Eh bien, mais qui est-ce qui empêcherait alors Gambetta et Napoléon III d'être candidats ? Ce serait ouvrir la porte à la Révolution et non la conjurer.

Nous croyons que cette nomination doit être faite par l'Assemblée nationale.

M. Émile de Girardin propose aussi de rétablir

(1) Notamment par la *Liberté*, numéro du 5 octobre, dans un excellent article de M. Detroyat.

par voie de plébiscite la Constitution de 1848. Nous demandons à l'éminent publiciste la permission de repousser cette proposition pour les deux raisons que voici :

1° La Constitution de 1848 ne vaut rien absolument et si elle est à refaire complétement par voie de révision, ce n'est pas la peine de la rétablir ;

2° Rétablir la Constitution de 1848 par un plébiscite est chose impraticable, parce que la première question qui se posera avant celle-là, si l'on fait appel au peuple, c'est de savoir si le peuple opte pour la monarchie ou la république. Et alors nous sommes rejetés dans la tourmente.

Quel serait donc le moyen de sortir de l'impasse en admettant que la Constitution du 5 fructidor an III fût adoptée dans ses dispositions principales comme le type et la formule définitive du gouvernement républicain ?

L'Assemblée nationale devrait-elle mettre les fers au feu pour forger de toutes pièces une Constitution similaire ?

Ici les considérations de politique et de circonstances priment nécessairement les questions de théorie pure.

Étant bien dit, bien entendu, bien compris que l'on veut faire reposer le gouvernement de la France sur les bases du système républicain qui paraîtra le meilleur ; il n'est nullement nécessaire et il serait souverainement imprudent, souverainement inopportun de procéder dores et déjà à la confection d'une constitution qui serait bafouée, honnie, vilipendée, au bout de six semaines, sans compter que les Gambettistes crieraient par-dessus les toits à l'usurpation de la souveraineté populaire par l'Assemblée nationale actuelle !

Comment donc faire? Eh, mon Dieu ! on l'a déjà dit et ce n'est pas d'aujourd'hui que l'opinion du gouvernement paraît fixée en ce sens : ne pas faire de Constitution pour le moment ; établir par des lois fondamentales votées par l'Assemblée, toute la série des réformes dont nous avons essayé de donner le plan.

Mais on dira peut-être où est la différence ? Ce sera une Constitution servie par tranches au lieu d'être servie tout d'une pièce. Eh bien, oui, précisément. Avec une Constitution faite en détail, on évitera les convulsions qui résulteront infailliblement de la gestation d'une Constitution faite en bloc.

Et maintenant, encore nn mot avant de finir, sur la crise qui va éclater dans le sein de l'Assemblée nationale dès le lever de la toile.

Septième et dernière Lettre.

« Entre la monarchie et la république, c'est un duel en règle, » s'est écrié M. Gambetta, ce qui veut dire un duel à mort.

Le champ clos est ouvert, les juges du camp sont convoqués, la foule attend avec impatience le moment où la barrière doit s'ouvrir pour laisser passer les combattants. Mais les monarchistes relèveront ils le gant qui leur a été jeté ? descendront-ils dans l'arène ?

C'est une question et elle est grave.

Nous n'avons, en ce qui nous concerne, aucun goût pour les insultes qui s'adressent aux partis vaincus. Il n'y a de courage à leur porter le gantelet au visage que quand ils sont les maîtres. Mais ceux qui font profession de frapper les gens à terre ne s'y risquent pas.

Le parti Bonapartiste est jugé et nous n'en parlerons qu'incidemment.

Quant aux partis Orléaniste et Légitimiste, ils ont droit aux égards de ceux-là même qui les combattent et leur cause ne saurait se confondre avec celle des Impérialistes.

Mais les uns et les autres ont quelque chose de commun, le principe monarchique comme solution, et, politiquement parlant, l'on peut supposer que l'idée qui leur est commune les rapprochera tous, à un moment donné, contre une solution Républicaine.

Mais de cet accord purement platonique sur un principe gouvernemental à un accord stratégique pour l'action, il y a loin. Les Bonapartistes, faute de mieux, consentiraient probablement à être Henriquinquistes ; les Henriquinquistes ou les Orléanistes ne consentiraient pas à devenir Bonapartistes. Les monarchistes ne pouvant s'entendre ni sur un prétendant ni sur un programme politique, comment pourraient-ils faire campagne ensemble ?

Maintenant, comment engager la lutte ? Par quels moyens extra constitutionnels provoquer une restauration ? Sera-ce par le vote d'une majorité plus ou moins compacte faisant une levée de boucliers en faveur d'Henri V et le proclamant roi de France, sans recourir à la sanction d'un plébiscite ?

Mais d'abord, sur ce dernier chapitre, les Bonapartistes, qui sont plébiscitaires, lâcheraient pied immédiatement.

Pour que cette illusion fabuleuse d'une proclamation d'Henri V par l'Assemblée puisse durer ne fût-ce qu'un instant dans la tête d'un légitimiste, encore faudrait-il que la fusion des princes d'Orléans avec le comte de Chambord fût aujourd'hui un fait accompli.

Or, malgré le mot tout récent de M. Princeteau saluant le Dauphin de France dans la personne de M. le comte de Paris, la fusion entre les deux branches de la maison de Bourbon n'est pas faite ; elle n'est pas faite, et il est bien évident maintenant qu'elle ne se fera pas.

Mais, dans le cas même où elle serait accomplie à l'heure qu'il est, qui donc osera faire un souverain en France sans recourir aux fonts baptismaux du suffrage universel? Qui ne comprend que ce serait le signal d'une guerre civile immédiate, terrible qui diviserait tout de suite en deux camps le pays et l'armée?

Comprenant l'impossibilité de cette tentative, les chefs du parti royaliste se borneront-ils, selon le plan qu'exposait naguère la *Gazette de France*, à voter un ensemble de lois organiques destinées à frayer les voies à une restauration dans le cours de la prochaine Assemblée? Mais qui peut répondre de ce qui se passera d'ici à six mois? Le pays peut se trouver lancé en pleine révolution avant que l'Assemblée n'ait voté les lois en question, et ces lois, même votées, si elles tendent ouvertement à remonter le courant démocratique, ne courraient-elles pas le risque d'être brisées par une commotion populaire comme le fut la loi du 31 mai par un coup d'Etat?

Dans cet ordre d'idées d'ailleurs, les monarchistes n'auraient quelque chance de réussir qu'à la condition que le centre droit, faisant une évolution décisive vers la droite, opérât complétement sa fusion avec elle en entraînant dans son orbite une partie du centre gauche.

Mais il n'y a pas un mois, Monsieur, que vous-même, l'homme le plus considérable du pays après M. Thiers, rompiez fort courtoisement, d'ailleurs, avec le parti monarchique, tandis que M. le duc de Broglie, chef du centre droit, faisait un pas vers le centre-gauche.

Il est vrai que dans l'intervalle M. Gambetta brisant l'antre d'Eole, a déchaîné les vents furieux qui sont venus souffler dans les vergues de la République conservatrice. Mais aujourd'hui le manifeste de M. Gambetta est jugé comme une incartade plus propre à raffermir la politique présidentielle qu'à l'ébranler, et il n'est pas à présumer que vous reveniez sur vos pas, uniquement parce qu'il plaît en ce moment au *Journal de Paris* de couvrir de ses sarcasmes les tentatives de Constitution du centre gauche.

Que conclure de tout cela ? C'est que la droite est menacée d'être réduite à ses propres forces quand elle voudra commencer la campagne royaliste.

Si elle s'abtient, si elle s'efface, elle s'annule, le flot passe par-dessus sa tête.

Si elle relève le défit outrageant qui lui a été porté, ne fût-ce que dans le but de précipiter une crise aiguë qui peut lui rendre une partie de ses chances, elle ne peut tenter un mouvement offensif en vue de changer la forme du Gouvernement sans que ses coups dirigés contre la gauche ne viennent atteindre le pouvoir présidentiel lui-même.

Or, toute attaque dirigée, même indirectement, contre M. Thiers aura pour effet inévitable de faire renaître à l'instant entre le président de la République et la gauche, des liens qui étaient à moitié brisés et de provoquer presqu'immédiatement un replâtrage.

A nos yeux ce replâtrage se fera quand même s'il n'est déjà en voie de négociation, car le désarroi n'est pas encore assez avancé pour que le parti radical puisse prononcer son grand *lâchez tout* ! et l'on sait assez que M. Gambetta, véritable caméléon politique, change de langage et de couleur au gré des circonstances sans se soucier de la logique qui paraît n'être pas faite pour lui.

Mais que dis-je ? M. Gambetta qui, il y a cinq jours, vomissait l'outrage « contre l'ignoble comédie de la République couservatrice » dont M. Thiers est le chef, ne comble-t-il pas aujourd'hui d'adulations le Président de la République? Ces changements de front continuels, ces palinodies incessantes, ces contradictions flagrantes ont quelque chose de cynique qui devrait blesser la conscience démocratique? Avec tous ses faux visages et son absence complète soit de principes, soit de doctrines, soit d'idées quelconques en matière de gouvernement, on ne sait réellement pas ce que représente M. Gambetta.

N'importe! une paix trompeuse masquera pendant quelque temps encore les dangers de la situation. La République conservatrice s'efforcera de sourire à la République radicale jusqu'à ce que le parti monarchique soit battu et que le principe du gouvernement républicain ne puisse plus être mis en question. Mais dès qu'on en sera arrivé là par les efforts combinés de toutes

les fractions de la gauche soutenue directement
ou indirectement par la politique présidentielle, la rupture éclatera à nouveau et c'est
alors que commencera une nouvelle lutte, la
lutte entre les Néo-Jacobins, et les Néo-Giron-
dins se disputant avec acharnement sur la forme
même que la République doit avoir.

Cette rupture complète, aussi complète que
celle qui eut lieu en 1791 entre les Constitutionnels et les Républicains après la répression
sanglante du Champ-de-Mars, est tout aussi
inévitable ; et c'est parce que déjà l'heure de
cette division fatale est prévue que les organes
du centre droit, le *Journal de Paris* en tête, com-
mencent à battre en brèche la fusion des deux
centres, et ne prêtent plus qu'un appui équivoque au gouvernement. On attend que les loups
se mangent entre eux, et il en résulte la plus la-
mentable des situations. Les partisans de la monarchie se moquent des Républicains conservateurs, les Républicains conservateurs se
moquent des Républicains radicaux ; et quand
l'imminence du danger fait naître la pensée d'un
pacte patriotique entre les deux grandes fractions de l'Assemblée, les radicaux et les monarchistes s'accordent encore pour s'en moquer.

Eh bien ! qu'on le dise donc tout haut alors,
car il n'est plus temps de feindre.

C'est la guerre, la guerre civile qui va se déchaîner avant peu au milieu des plus effroyables débats dont nos assemblées aient encore donné le spectacle depuis 1789, pendant que l'armée se divisera comme l'armée du Bas-Empire entre les divers prétendants qui revendiqueront le pouvoir les armes à la main.

Cette perspective terrible vaut la peine qu'on y songe.

Si, dans quelques jours, le parti républicain conservateur ne s'est pas transformé, il est perdu; car le parti radical aura sur lui un avantage considérable, ce sera d'offrir la réalisation immédiate de toutes les réformes nécessaires que le parti républicain conservateur aura impolitiquement repoussées; et ce qu'il y aura de bon dans ces réformes servira à faire passer le pire, c'est-à-dire tout le bagage de la Constitution terroriste de 93.

Si, au contraire, le parti conservateur républicain, devenu le *tiers-parti républicain*, s'est constitué sous la forme que nous avons essayé d'indiquer, en arborant résolument toutes les conséquences pratiques de la République représentative, il aura par là même désarmé le parti gambettiste de ses principaux moyens d'action. Il aura donné satisfaction à toutes les nécessités véritables du temps présent, il aura accompli politiquement tout le programme de 1789 en faisant passer dans nos lois à l'état de droits et de garanties ce qui, jusqu'à présent, ne s'était formulé dans nos constitutions que par de vaines déclarations de principes.

Au fond, les partis ne sont divisés que sur la forme du gouvernement ; ils ne le sont pas sur le fond des choses.

Le tiers-parti républicain peut donner les choses sans que les partis hostiles puissent s'en plaindre, puisqu'il serait impossible après tout à l'un quelconque d'entre eux de se faire accepter de la majorité nationale sans lui apporter ces réformes.

Ceux qui ne se soumettraient pas à un tel programme ne pourraient plus être considérés que comme des factieux, et M. Gambetta lui-même ne serait que le roi des Jacques ou le chef des Maillotins.

Si cette solution, qui est dans la nécessité des temps, ne prévaut pas sur nos dissensions intestines, il faut s'attendre à voir la révolution rentrer prochainement en scène traînant après elle la Commune et gare au socialisme !

Alors chacun sera obligé de faire comme le chien qui porte au cou le dîner de son maître, et chaque parti, rentrera avec fureur dans l'arène, en s'écriant : « *Malheur à qui n'ensanglantera pas son épée !* »

MAURICE JOLY.

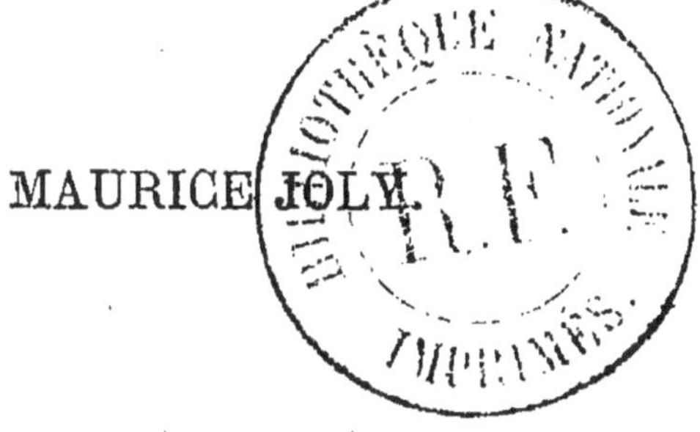

Paris. — Imp. Kugelmann, 13, rue du Helder.

168